Gabriele Wollenheit

Laubsägearbeiten
beweglich und zum Spielen

Gabriele Wollenheit

Laubsäge-arbeiten
beweglich und zum Spielen

Mit Vorlagenbogen

AUGUSTUS

Inhaltsverzeichnis

Ein Wort zuvor 5

Werkzeug und Materialien .. 5
Grundausstattung 5
Holz: Was eignet sich wofür? 5
    Sperrholz 5
    Massivholz 5
Farben, Lacke und Lasuren 6
Pinsel 6
Weitere Materialien 6

Techniken 7
Grundarbeiten 7
Übertragen der Vorlagen 7
    Abpausen 7
    Kopieren 7
    Herstellen einer Schablone 7
Schleifen 7

Kletterfiguren 8
Klingel-Schlingel 10
Kraxel-Maxel 10

Sieh doch mal, was wippt denn da? 12
Paradiesvogel 14
Vogelpark 14
Gänse im Blätterwald 15

Schiebe- und Nachziehtiere . 16
Kleiner Reiter 18
Watschelente 18
Törööö – ich heiße Benjamin ... 20
Wackel-Dackel 21

Tollkühne Turner am Kurbelreck 22
Riesenrad 24
Pieks, der Igel 24
Saurierwirbel 25

Kunterbunte Spielereien ... 26
Barrenturner 28
Ein spießiger Geselle 29
Seiltänzer 30
Pendelkugeln 31
Gänse-Pendelkugeln 31
Bären-Pendelkugeln 32

Drehfiguren und Mobiles .. 34
Süßes Kätzchen 36
Luftballonverkäufer 36
Dackel-Duo 37
Schlafmond 38
Gänse-Trio 39

Hampelfiguren 40
Fadenführung und Montage ... 40
Hampel-Clown 42
Hampel-Pinguin 42
Der kleine Muck 43
Weihnachtsmann 43

Schwingende Objekte 44
Disco-Queen 46
Raphael, der Rabe 46
Brummel, der kleine Kraftprotz .. 47

Ein Wort zuvor

Bei Spielzeug denkt man immer zuerst an Kinder. Wieso eigentlich? Können Sie denn als Erwachsener achtlos an einem Hampelmann vorbeigehen, ohne ihn schnell einmal zum Strampeln zu bringen? Und wie sieht es aus bei Figuren, die man ins Schwingen versetzen kann, wenn man mal kurz an der Schnur zieht? Gerade bewegliches Spielzeug fasziniert eben nicht nur die Kleinen.
In diesem Buch finden Sie die verschiedensten Modelle, die alle jedoch eines gemeinsam haben: Sie sind beweglich. Das garantiert viel Spaß nicht erst beim Spielen, sondern bereits bei der Herstellung.

Viele kreative Bastelnachmittage und viel Vergnügen beim Spielen wünscht Ihnen und Ihren Kindern
Ihre

Gabriele Wollenheit

Mein besonderer Dank gilt diesmal meiner Tochter Daniela für viele Stunden tatkräftiger Hilfe und meinem Enkelkind Sherina-Mailin für »fachmännischen« Rat: »Omi, das findet Nina soo sööön!«

Werkzeug und Materialien

Grundausstattung

Die folgenden Werkzeuge und Materialien benötigen Sie bei jedem Objekt. Sie werden daher unter der Rubrik »Das wird gebraucht« nicht mehr mit aufgezählt.

- Laubsägebogen oder Dekupiersäge
- Laubsägeblätter in verschiedenen Stärken
- Sägetisch mit Schraubklemme
- Schleifpapier oder Schmirgelschwamm, mittlere und feine Körnung
- Massiv- oder Sperrholz
- Bleistift
- Farben, Lacke und Lasuren
- Malutensilien (Pinsel, Wasserglas, Lappen)

Holz: Was eignet sich wofür?

Sperrholz
Sperrholz gibt es in verschiedenen Dicken und Holzarten. Daraus resultieren die unterschiedlichsten Farbtöne. Es eignet sich am besten für den Innenbereich. Sperrholz auf Dauer »gartentauglich« zu machen, ist sehr aufwändig. Auch mit einem Schutzanstrich versehen hält es den Witterungseinflüssen nicht ewig stand. Mindestens drei sorgfältige, satte Anstriche mit Bootslack wären dafür notwendig.

Massivholz
Alle Objekte, die Sie in den Garten, auf den Balkon oder vor die Haustür stellen möchten, werden besser aus Massivholz gearbeitet und abschließend mit einem Anstrich aus wetterfestem Klarlack behandelt.
In den Holzabteilungen der Baumärkte finden Sie unterschiedliche Massivholzsorten. Manche Arten sind sehr hart und somit schwer zu sägen, andere sind weicher, z. B. Abachi oder Fichte, und lassen sich auch noch in einer Dicke von 20 mm gut mit der Laubsäge bearbeiten.
Harte Sorten sind meist strapazierfähiger und daher beispielsweise für Tiere, die nachgezogen werden, besser geeignet. Zum Sägen benötigen Sie dann aber eine Stichsäge.

Grundausstattungen für Laubsägearbeiten gibt es recht preiswert als fertige Sets zu kaufen. Hier ein Beispiel der Firma Bonum und Junior.

Farben, Lacke und Lasuren

Für Holzarbeiten im Innenbereich eignen sich Bastelfarben. Die hier vorgestellten Arbeiten wurden mit Marabu Decormatt bemalt. Ein leichter seidiger Glanz wird durch einen abschließenden Anstrich mit Bienenwachslasur erzielt, die von mehreren Herstellern angeboten wird. Ich habe mich für ein wasserlösliches Produkt entschieden. Da die meisten Bastelfarben nach dem Trocknen wasserfest und witterungsbeständig sind, eignen sie sich auch für den Außenbereich. Trotzdem sollten sie für diesen Zweck mit einem wetterfesten Klarlack geschützt werden.

Die Farbgebung der Objekte in diesem Buch soll Ihnen nur als Anregung dienen. Farbwahl und -kombination können Ihrem ganz persönlichen Geschmack entsprechen. Es werden daher keine bestimmten Farbtöne in der Materialliste genannt. Dies wäre in vielen Fällen auch gar nicht möglich, da ich mir die Farben nach meinen Vorstellungen anmische.

Viele Spielzeuge können außerdem auch unbemalt bleiben. In der Bastelanleitung wird aus diesem Grund nicht extra auf das Bemalen eingegangen. Wenn Sie jedoch mit Farbe arbeiten möchten, planen Sie diesen Arbeitsgang bitte mit ein.

Haben Sie Ihre Laubsägearbeit fertig bemalt, ziehen Sie sämtliche Innenlinien zart mit schwarzer Farbe nach. Bestens dafür geeignet ist der Holz-Pen mit feiner Mine.

Pinsel

Ein ganz wichtiges Kapitel sind die Pinsel. Ein noch so begabter Maler kann kein vernünftiges Ergebnis erzielen, wenn der Pinsel nicht »stimmt«! Sparen Sie lieber an anderen Dingen, aber niemals bei Pinseln. Ich bevorzuge Synthetikhaarpinsel der Sorte »Gold Sable« oder »Toray-Haar«. Sie sind bei der Verarbeitung auf dem doch immer etwas rauen Holz formstabiler als Naturhaarpinsel. Ein dicker Pinsel für großflächige Arbeiten und drei weitere in den Größen 1, 3 und 5 sollten für den Anfang reichen.

Weitere Materialien

Zur Ausstattung gehören ebenfalls: Sekunden- oder Bastelkleber, Holzleim, Heißklebepistole, Lineal, Schere, Hand- oder Akkubohrmaschine, Bohrer in verschiedenen Durchmessern, wetterfeste Acryllacke.

Weitere Accessoires wie beispielsweise Holzperlen, Bänder, Samtfaden, Glöckchen usw. werden in der jeweiligen Anleitung genannt.

Techniken

Grundarbeiten

Die ersten Arbeitsschritte sind bei allen in diesem Buch vorgestellten Sägearbeiten gleich: Aufzeichnen, Sägen, Schleifen und meistens auch Bemalen. Diese Arbeiten werden daher nicht jedes Mal erwähnt. Erst danach folgen die weiteren Arbeitsgänge, die Ihnen Schritt für Schritt erläutert werden.
Wenn gebohrt werden muss, ist die Lage der Bohrlöcher mit einem Kreuz auf der Vorlage gekennzeichnet. Das Bohren selbst wird in der Arbeitsanleitung nicht gesondert beschrieben.

Übertragen der Vorlagen

Sie haben mehrere Möglichkeiten, die Vorlagen auf das Sperrholz zu übertragen.

Abpausen

Pausen Sie das Motiv mit Transparentpapier vom Vorlagenbogen ab. Legen Sie Graphitpapier unter (Blaupapier schmiert zu sehr) und übertragen Sie das Motiv vom Transparentpapier auf das Holz.
Soll es einmal ganz schnell gehen, übertragen Sie das Motiv mit untergelegtem Graphitpapier direkt von der Vorlage auf das Holz. Nachteil: Die Vorlage ist nach einigen Anwendungen unbrauchbar.

Kopieren

Machen Sie eine Kopie von der Originalvorlage, dann pausen Sie das Motiv von der Kopie ab. Vorteil: Das Original wird geschont.

Herstellen einer Schablone

Wollen Sie die Vorlage sehr häufig nutzen, stellen Sie aus fester, durchsichtiger Folie eine Schablone her. Um das Motiv von der Vorlage auf die Folie übertragen zu können, benötigen Sie einen wasserfesten Filzstift. Schneiden Sie die Folie entlang den Umrisslinien aus. Die Schablone wird auf das Holz gelegt und mit einem Bleistift umfahren. Falls Innenlinien vorhanden sind, werden sie freihändig eingezeichnet.

Schleifen

Nur auf glattem, sauber geschliffenem Holz können Sie ordentliche Malergebnisse erzielen! Schleifen Sie immer von innen nach außen zur Sägekante. So vermeiden Sie, dass Splitter an der rauen Kante hochgerissen werden. Der letzte Schliff sollte immer in Richtung der Maserung erfolgen. Nach dem Schleifen muss die Oberfläche gründlich entstaubt werden.

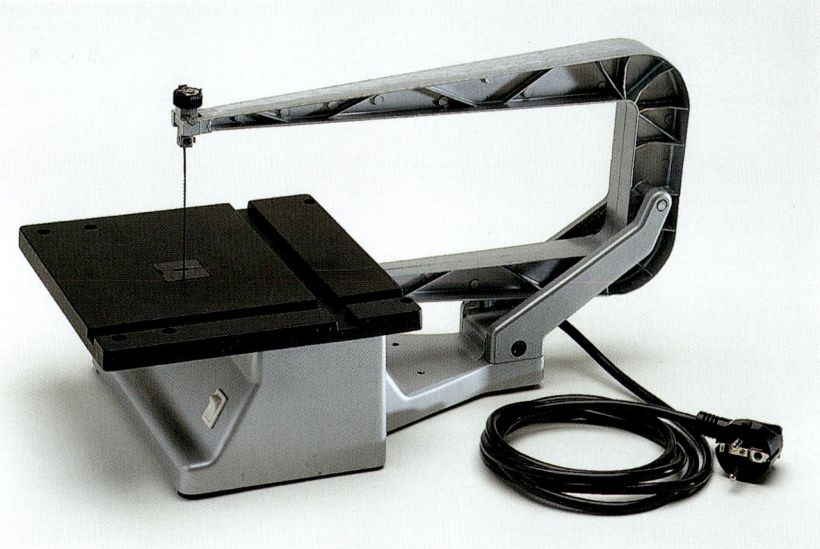

Die Dekupiersäge Eco der Firma Peter Bausch.

Kletter-figuren

Kraxel-Maxel und Klingel-Schlingel sind witzige Figuren, die Kinder wie Erwachsene immer wieder zum Ausprobieren reizen. Sie klettern nämlich an zwei senkrechten Schnüren, die man abwechselnd straff zieht, nach oben. Fast noch mehr Spaß macht es aber besonders den Kindern, wenn die Figuren mit Schwung nach unten sausen, sobald man die Schnüre wieder loslässt!

Klingel-Schlingel

Ein lustiger Gefährte im Kinderzimmer. Kaum lassen die Kleinen ihn mit Begeisterung klettern, fangen seine Glöckchen fröhlich an zu klingeln.

Das wird gebraucht

Holz, 10 mm dick
2 reißfeste Schnüre, Länge nach Wunsch, davon etwa 20 cm als Aufhängeband
2 Samtfäden, jeweils 20 cm lang, als Schnürsenkel
einige Messingglöckchen, evtl. in verschiedenen Größen und Farben
1 Rechteckleiste, 2 x 1 cm, 20 cm lang
einige Holzperlen, Größe und Farbe nach Wunsch
1 weißer Pompon, Ø 10 mm
Rest roter Filz oder Nickistoff
Fellrest und Watte

So wird's gemacht

Abbildung siehe Seite 9

Bohren Sie rechts und links außen sowie in der Mitte der Leiste ein Loch. Die Kletterschnüre knoten Sie in die beiden äußeren Löcher, das Aufhängeband in das mittlere Loch. Die Kletterschnüre werden durch die Bohrlöcher in den Händen geführt und mit Perlen fixiert. Fädeln Sie die Schnürsenkel ein und befestigen Sie an den Enden Glöckchen. Kleben Sie etwas Watte oder einen Fellrest als Haare auf. Den Mützenzuschnitt falten Sie an der gestrichelten Linie zur Hälfte, danach kleben oder nähen Sie die Naht zu. Stopfen Sie die Mütze mit etwas Watte aus, bevor Sie sie dem Klingel-Schlingel aufsetzen. Zum Schluss nähen Sie noch das Glöckchen an die Spitze und kleben den Pompon auf.
Und nun kann's losgehen! Viel Spaß!

Vorlagen siehe Vorlagenbogen
Seite A

Kraxel-Maxel

Max, der kleine Bär, ist ein Schleckermäulchen. Ob er wohl den Honigtopf erreicht?

Das wird gebraucht

Holz, 20 mm dick
2 reißfeste Schnüre, Länge nach Wunsch, davon etwa 20 cm als Aufhängeband
einige Holzperlen, Größe und Farbe nach Wunsch
2 Glöckchen, Ø 15 mm
1 Holzleiste, 13 cm lang, 2 cm breit, 5 mm dick

So wird's gemacht

Kleben Sie die Leiste mittig auf den Honigtopf. In die überstehenden Seiten bohren Sie je ein Loch, durch das Sie die Kletterschnüre von unten nach oben hindurchführen. Sie werden mit je einer Perle fixiert. Die Enden der Schnüre werden durch die Bärenhände geführt und ebenfalls mit Perlen und zusätzlich mit den Glöckchen fixiert. Jetzt noch das Aufhängeband anbringen – fertig. Guten Appetit, kleines Schleckermäulchen!

Vorlagen siehe Vorlagenbogen
Seite A

Sieh doch mal, was wippt denn da?

Auf und ab und hin und her – überall wippen und nicken Gänse, Paradiesvögel und bunte Kobolde zwischen Gräsern, im Buschwerk und an Zweigen im Wind.
Verschiedene Vogelköpfe werden mit einer Spiralfeder auf Rundstäbe gesetzt und im Garten zwischen höhere Blumen und Gräser gesteckt. Nur die Köpfe mit den langen Hälsen schauen noch heraus und nicken leise im Wind. Andere Vögel wiederum hängen an dünneren Spiralfedern im Geäst.

Paradiesvogel

Vogelpark

Stolz schreitet der Paradiesvogel durch das hohe Gras – auch ein toller Blickfang in einer leicht verwilderten Gartenecke.

Sehen sie nicht aus wie kleine Paradiesvögelchen? Die zarten, flaumigen Schwanzfedern wiegen sich im leisesten Wind und an ihren Zugfedern flattern die bunten Kobolde lustig auf und ab.

Das wird gebraucht

Holz, 20 mm dick
1 Spiralfeder, Ø 10 mm
1 Rundstab beliebiger Länge, Ø 8 mm
Heißkleber

Das wird gebraucht

Holz, 20 mm dick, für den Körper
Holz, 4 mm dick, für die Flügel
bunte Federn
5 Zugfedern, Ø 4 mm
Knopflochseide oder Stickgarn

So wird's gemacht

Abbildung siehe Seite 13

Vorlagen siehe Vorlagenbogen Seite A

Ziehen Sie die eine Hälfte der Feder so weit auseinander, bis der Abstand zwischen den einzelnen Spiralen etwa 2 mm beträgt. Achtung! Die Enden der Feder vorher unbedingt in ein Tuch o. Ä. wickeln. Anderenfalls kann Ihre Haut schmerzhaft eingeklemmt werden! Kleben Sie nun das gedehnte Ende in die Bohrung am Hals des Vogels. Das andere Ende schieben Sie auf den Rundstab und kleben es ebenfalls gut fest.
Hinweis: Je weiter Sie den Rundstab in die Feder schieben, desto weniger kann der Vogel nicken.

So wird's gemacht

Klemmen Sie den Flügel in den ausgesägten Schlitz. Sollte er zu locker sitzen, kleben Sie ihn mit einem Tropfen Sekundenkleber oder Heißkleber fest. In das Bohrloch am Schwanz stecken Sie ein bis zwei Federn, evtl. mit Sekundenkleber fixieren. Pendeln Sie fünf Vögel zwischen den Fingern oder noch besser einer Pinzette aus und bohren Sie an entsprechender Stelle ein Loch von 4 mm Durchmesser in den Vogelrücken. Die Zugfeder

Gänse im Blätterwald

Gegen diese lautlos schnatternde Gänseschar wird kein Nachbar etwas einzuwenden haben, auch wenn Sie in Ihrem Garten eigentlich keine Gänse halten dürfen!

Das wird gebraucht

Holz, 20 mm dick
3 Spiralfedern, Ø 10 mm
3 Rundstäbe beliebiger Länge, Ø 8 mm
Heißkleber

So wird's gemacht

Arbeiten Sie nach der Anleitung beim »Paradiesvogel« (S. 14).

Vorlagen siehe Vorlagenbogen
Seite A

lässt sich am besten mit Heißkleber darin befestigen. Mit Seide oder Stickgarn hängen Sie das andere Ende der Zugfeder an den Zweig. Die restlichen drei Vögel werden auf die Äste geklebt. Dafür sägen Sie entsprechend der Zweigstärke Schlitze in den Bauch der Vögel. Um den Zweig aufzuhängen, knoten Sie die Fäden möglichst in gleichmäßigen Abständen an die Äste. Balancieren Sie den Zweig aus, danach verknoten Sie die Fäden miteinander.
Fertig!

Vorlagen siehe Vorlagenbogen
Seite A

Schiebe- und Nachziehtiere

Schon für die Kleinsten lassen sich aus Holz interessante Spielzeuge basteln. Wenn diese dann auch noch Geräusche machen oder sich bewegen, ist das ein riesiger Spaß.

Kleiner Reiter

Hoppe, hoppe Reiter – ein niedliches Nachziehtier für die Allerkleinsten.

Das wird gebraucht

Holz, 20 mm dick
Holz, 4 mm dick
4 Holzkugeln, Ø 30 mm
4 Spanplattenschrauben, 4,5 cm lang
4 Unterlegscheiben
1 Schrauböse
Kordel, 80 cm lang

So wird's gemacht

Sägen Sie die Bodenplatte mit 20 mm Stärke in der Größe 7,5 x 12 cm zu. Schrauben Sie zuerst die Kugelräder an die Bodenplatte. Die Unterlegscheibe zwischen Kugel und Boden nicht vergessen! Leimen Sie das Pferd auf die Platte und dann den Teddykörper auf das Pferd. Nun lassen sich Teddyarme und -beine richtig platzieren und aufkleben. Drehen Sie die Schrauböse in die Stirnseite der Bodenplatte. Wenn das Zugband angeknotet ist, kann der Ritt beginnen.

Abbildung siehe Seite 17

Vorlagen siehe Vorlagenbogen Seite A

Wenn die Lederfüße der Ente auf die Straße patschen, werden die Kleinen vor Vergnügen juchzen.

Das wird gebraucht

Holz, 20 mm dick
1 Rundstab, Ø 6 mm, etwa 70 cm lang
1 Holzkugel, Ø 35 mm
4 Unterlegscheiben
Lederrest

So wird's gemacht

Wenn die Ente fertig bemalt ist und die Flügel aufgeklebt sind, sägen Sie ein 7 cm langes Stück von dem Rundstab ab und stecken es durch das 8 mm große Bohrloch im Bauch der Ente. Nachdem Sie die Lederfüße in die Schlitze der Holzräder geklebt haben, schieben Sie von jeder Seite zwei Unterlegscheiben und ein Rad auf den Rundstab. Das Rad wird festgeleimt.
Nun müssen Sie nur noch den Schiebestab in das Bohrloch am Schwanz leimen und die Holzkugel als Griff aufstecken.

Vorlagen siehe Vorlagenbogen Seite A

Watschelente

Törööö – ich heiße Benjamin

Elefanten gehören zu den Lieblingstieren kleiner Kinder. Dieser hier hat einen wiegenden Gang, ist wirklich süß und macht auch ganz bestimmt nichts kaputt, wenn er mit in einen Porzellanladen geht.

Das wird gebraucht

Holz, 20 mm dick (Körper/Räder)
Holz, 10 mm dick (Beine/Ohren/Stoßzähne)
2 Rundstäbe, Ø 6 mm, 9 cm lang
8 Unterlegscheiben
1 Schrauböse
80 cm Kordel

So wird's gemacht

Leimen Sie zuerst Ohren, Stoßzähne und Beine auf den Elefantenkörper. Danach bohren Sie die beiden 8-mm-Löcher für die Radachsen. Schieben Sie die Rundstäbe hindurch und stecken Sie jeweils zwei Unterlegscheiben und ein Rad darauf. Die Räder, deren Bohrloch versetzt angebracht ist, gehören nach vorne. Leimen Sie die Räder fest. Eine Schrauböse im Elefantenkopf mit einer Ziehkordel daran vervollständigt den kleinen Dickhäuter.

Vorlagen siehe Vorlagenbogen
Seite A

TIPP

Bei stürmischen Kindern empfiehlt es sich, dem Elefanten mehr Standfestigkeit zu verleihen. In diesem Fall sägen Sie acht Räder aus und kleben jeweils zwei aufeinander.

Wackel-Dackel

Der niedliche Wackel-Dackel ist ein äußerst standfestes und kippsicheres Nachziehtier, noch dazu beweglich wie eine Schlange und leise klingelnd. Er wird die Herzen der Kleinen im Sturm erobern.

Das wird gebraucht

Holz, 20 mm dick (Körper)
Holz, 10 mm dick (Ohren/Beine)
4 Schraubhaken, Ø 10 mm
4 Schraubösen, Ø 10 mm
2 Schraubösen, Ø 6 mm
2 Holzperlen, Ø 8 mm
1 Glöckchen, Ø 10 mm
1 Glöckchen, Ø 35 mm
Rest Schleifenband
2 Rundstäbe, Ø 8 mm, 25 cm lang
8 Holzkugeln, Ø 35 mm
80 cm Kordel

So wird's gemacht

Sägen Sie zuerst den ganzen Dackelkörper aus. Danach sägen Sie ihn an den gestrichelten Linien auseinander. Kleben Sie die Vorder- und Hinterbeine sowie die Ohren auf. Mit Schraubhaken und Schraubösen werden die drei Teile des Dackels wieder miteinander verbunden. Wo die Haken und Ösen angebracht werden, können Sie aus der Abbildung ersehen. Eine Bohrung von 10 mm Durchmesser in den Dackelfüßen nimmt die Rundstäbe für die Achsen auf. Schieben Sie von beiden Seiten jeweils zwei Kugeln auf die Achse. Die äußeren Kugeln werden festgeleimt. Das Glöckchen am Schwanz befestigen Sie mit Schleifenband. Drehen Sie je eine Schrauböse in den Hals und das Kinn des Dackels, um daran das Herzchen und die Zugleine zu befestigen. Eine 35-mm-Holzkugel am Ende der Leine lässt sich von einem Kleinkind besser fassen als eine Schlaufe.

Vorlagen siehe Vorlagenbogen Seite A

Tollkühne Turner am Kurbelreck

Rasant wirbeln der Dino, Pieks, der Igel, und das Riesenrad auf und ab. Ein Spielzeug nicht nur für Kinder. Auch Erwachsene können sich der Faszination dieser simplen Technik kaum entziehen. Welche Figur Sie auch wählen – das Prinzip der Wirbeltechnik bleibt immer gleich. Das Objekt muss möglichst kreisförmig gearbeitet sein, und Sie pendeln das Teil so lange zwischen den Fingern aus, bis Sie den Mittelpunkt gefunden haben.

Riesenrad

Gut gelaunt turnen die kleinen Seehunde in dem Riesenrad herum. Durch die exakte Kreisform und die gleichmäßige Gewichtsverteilung dreht sich das Rad besonders gleichmäßig auf und ab.

Das wird gebraucht

Holz, 4 mm dick
1 Rundstab, Ø 8 mm, 35 cm lang
4 Glöckchen, Ø 10 mm
16 Holzperlen, Ø 14 mm
4 Schaschlikspieße, 70 mm lang
3 Holzkugeln, Ø 35 mm
Kordel in beliebiger Länge
1 Rechteckleiste, 10 x 20 mm, 20 cm lang
Zwirnsfaden zum Anknoten der Glöckchen

Abbildung siehe Seite 23

Vorlagen siehe Vorlagenbogen Seite A

So wird's gemacht

Schieben Sie eine Holzkugel genau in die Mitte des Rundstabes und kleben Sie sie dort fest. Jeweils ein Riesenrad, eine große und eine kleine Holzscheibe werden aufeinander geleimt und links und rechts von der Kugel auf den Rundstab geschoben. An jedem Seehundpärchen befestigen Sie ein Glöckchen. Stecken Sie einen Schaschlikspieß durch ein Bohrloch im Riesenrad, schieben Sie eine Perle, ein Seehundpärchen und wieder eine Perle darauf, dann führen Sie den Spieß durch das zweite Riesenrad. Auf beide Enden des Stäbchens kleben Sie ebenfalls Perlen. Die übrigen Schaschlikspieße werden auf die gleiche Weise angebracht. Fertig? Dann kleben Sie die Holzkugeln zusammen mit der Kordel auf die Enden des Rundstabes. Die Rechteckleiste erhält Bohrungen in der Mitte und an den Enden. Durch die seitlichen Löcher werden die beiden Kordeln gezogen und mit einer Perle fixiert. Im mittleren Bohrloch bringen Sie die Aufhängung an.

Pieks, der Igel

Pieks hat Hunger, genüsslich futtert er seinen Apfel. Doch Vorsicht, gegen heimliche Diebe hat er seine Stacheln ausgefahren!

Das wird gebraucht

Holz, 10 mm dick
1 Rundstab, Ø 6 mm, 25 cm lang
4 Holzkugeln, Ø 30 mm
Kordel in beliebiger Länge

So wird's gemacht

Pendeln Sie den Igel aus. Der Rundstab wird exakt bis zur Hälfte durch das im Mittelpunkt gebohrte Loch geschoben. Je eine Kugel rechts und links vom Igel auf den Stab geschoben, halten ihn in dieser Position fest, evtl. zusätzlich mit dem Kleber fixieren. Die beiden anderen Kugeln leimen Sie auf die Enden des Rundstabs, wobei gleichzeitig die Kordel mit befestigt wird.

Vorlagen siehe Vorlagenbogen Seite A

Saurierwirbel

Dieser Dino trägt seinen Kopf ja eigentlich nach vorne und den Schwanz nach hinten. Erst durch die Änderung zur Kreisform eignet er sich als Kurbelobjekt. Versuchen Sie es doch einmal mit dem Lieblingstier Ihres Kindes.

Das wird gebraucht

Holz, 10 mm dick
1 Rundholz, Ø 6 mm, 30 cm lang
4 Holzkugeln, Ø 30 mm
Kordel in beliebiger Länge
1 Basthut, Ø 70 mm
1 Glocke, Ø 50 mm
Rest Schleifenband

So wird's gemacht

Die Arbeitsanleitung finden Sie bei »Pieks, der Igel« (S. 24). Bevor Sie den Dino auspendeln binden Sie die große Glocke mit Schleifenband um den Dinohals und kleben den Hut mit Heißkleber fest.

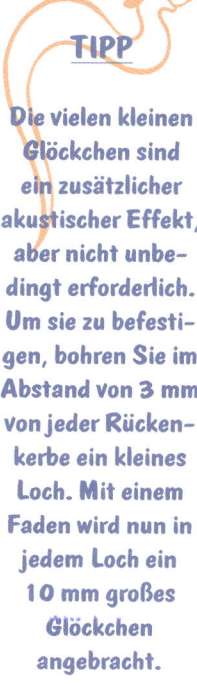

TIPP

Die vielen kleinen Glöckchen sind ein zusätzlicher akustischer Effekt, aber nicht unbedingt erforderlich. Um sie zu befestigen, bohren Sie im Abstand von 3 mm von jeder Rückenkerbe ein kleines Loch. Mit einem Faden wird nun in jedem Loch ein 10 mm großes Glöckchen angebracht.

Vorlagen siehe Vorlagenbogen Seite A

Kunterbunte Spielereien

Trotz der riesigen Auswahl an modernem, teurem und teilweise technisch ausgeklügeltem Spielzeug können sich die Kinder häufig mit ganz einfachen und preiswerten Spielen stundenlang beschäftigen. Probieren Sie es doch mal aus!

Barrenturner

Ein kleiner Schubs, und schon wirbelt der Clown um seine eigene Achse.

Das wird gebraucht

Holz, 6 mm dick
2 Glöckchen, Ø 10 mm
1 Rundstab, Ø 3 mm
4 Holzräder, Ø 25 mm

So wird's gemacht

Sägen Sie eine Bodenplatte von 30 x 12 cm aus. Parallel zu den Längskanten leimen Sie die beiden Barrenteile darauf. Hängen Sie die Glöckchen an die Hände des Clowns und pendeln Sie ihn aus. Schieben Sie den Clown genau in die Mitte des Rundstabes und auf jeder Seite zwei Holzräder dazu. Die Räder dienen als Führung auf den Holmen des Barrens. In dieser Position werden der Clown und die Räder festgeklebt.

Abbildung siehe Seite 27

Vorlagen siehe Vorlagenbogen Seite A

Seiltänzer, Akrobaten, Jongleure – sie alle werden besonders von den Kindern bestaunt. Basteln Sie doch einmal so einen balancierenden Gesellen für Ihr Kind. Es wird den schaukelnden kleinen Spießtänzer ungläubig bewundern.

Das wird gebraucht

Holz, 20 mm dick
1 Rundstab, Ø 8 mm, 30 cm lang
1 Schaschlikspieß, 5 cm lang
2 gewölbte Holzplatinen, Ø 50 mm
1 Rundstab, Ø 4 mm, 30 mm lang, für den Hals
1 Holzkugel, Ø 30 mm, für den Kopf
2 Schaschlikspieße, je 7 cm lang, für die Arme
2 Holzperlen, Ø 14 mm, für die Hände
2 Rundstäbe, Ø 6 mm, 25 cm lang, für die Beine
2 Holzkugeln, Ø 30 mm, für die Füße
grüner Filz für die Mütze
weißer Filz für den Schal

Ein spießiger Geselle

So wird's gemacht

Kleben Sie die Platinen auf die ausgesägte Bauchscheibe. Bohren Sie dann die Löcher für den Hals, die Arme und die Beine laut Abbildung in entsprechendem Durchmesser in den Bauch. Leimen Sie Hals, Arme und Beine ein sowie Kopf, Hände und Füße an die Enden der Stäbe. Schal und Mütze sind aus Filz. Der 8 mm dicke Rundstab wird in die Bodenplatte geklebt. In das obere Ende des Rundstabes bohren Sie ein Loch für den 5 cm langen Schaschlikspieß. Schon kann der kleine Spießtänzer darauf balancieren.

Vorlagen siehe Vorlagenbogen Seite A

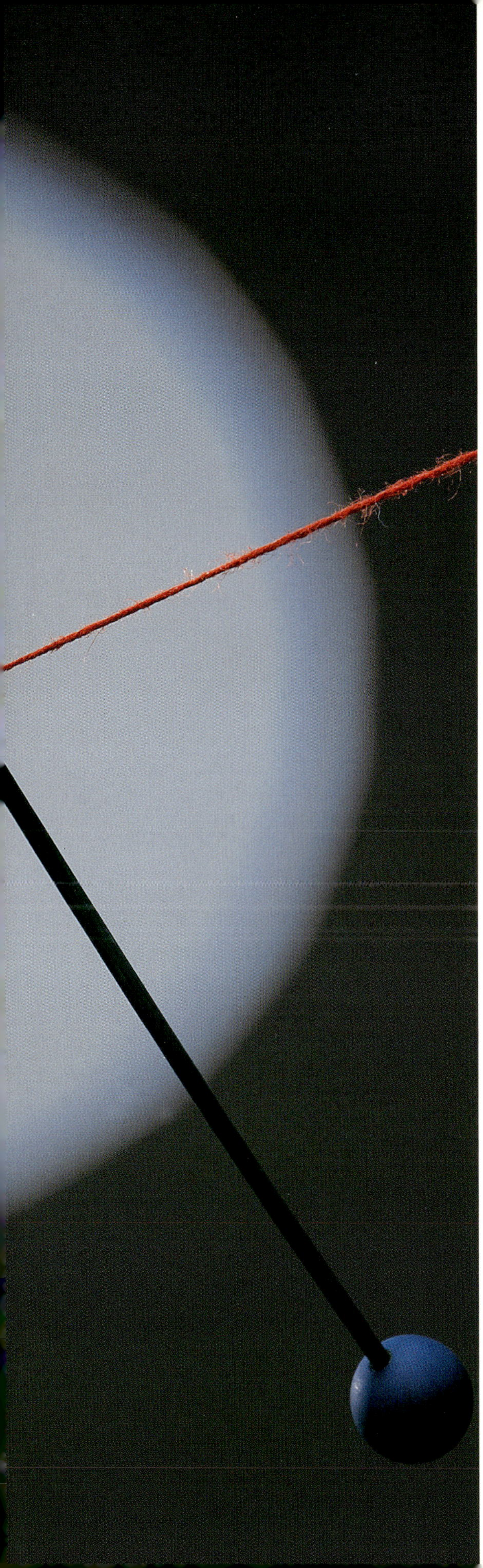

Seiltänzer

Basteln Sie den kleinen Seiltänzer und setzen Sie ihn auf eine quer durch das Kinderzimmer gespannte Schnur. Schon saust er von einem Ende zum anderen – ein riesiger Spielspaß für die Kinder.

Das wird gebraucht

Holz, 20 mm dick
6 Unterlegscheiben
1 Holzrad mit Kerbe, Ø 25 mm
1 Rundstab, Ø 6 mm, etwa 50 mm lang
2 Rundstäbe, Ø 8 mm, 50 cm lang
2 Holzkugeln, Ø 50 mm

So wird's gemacht

Bohren Sie durch beide Füße ein Loch von 6 mm Durchmesser. Schieben Sie den Rundstab durch den ersten Fuß, dann kommen drei Unterlegscheiben, das Rad und die restlichen Unterlegscheiben darauf. Schieben Sie es durch den anderen Fuß. Sollte das Rundholz zu lang sein, kürzen Sie es passgenau ein, bevor es in den Füßen festgeleimt wird. Stecken Sie die dicken Holzkugeln auf das Ende der Balancierstäbe. Diese kommen in die entsprechenden Bohrlöcher in den Clownarmen. Steht der Seiltänzer gerade? Falls nicht, verschieben Sie die Holzkugeln so lange, bis er vollkommen ausbalanciert ist. In dieser Position kleben Sie die Kugeln und die Balancierstangen fest. Und nun kann er auf seinem Seil hin- und hersausen.

Vorlagen siehe Vorlagenbogen Seite A

Pendelkugeln

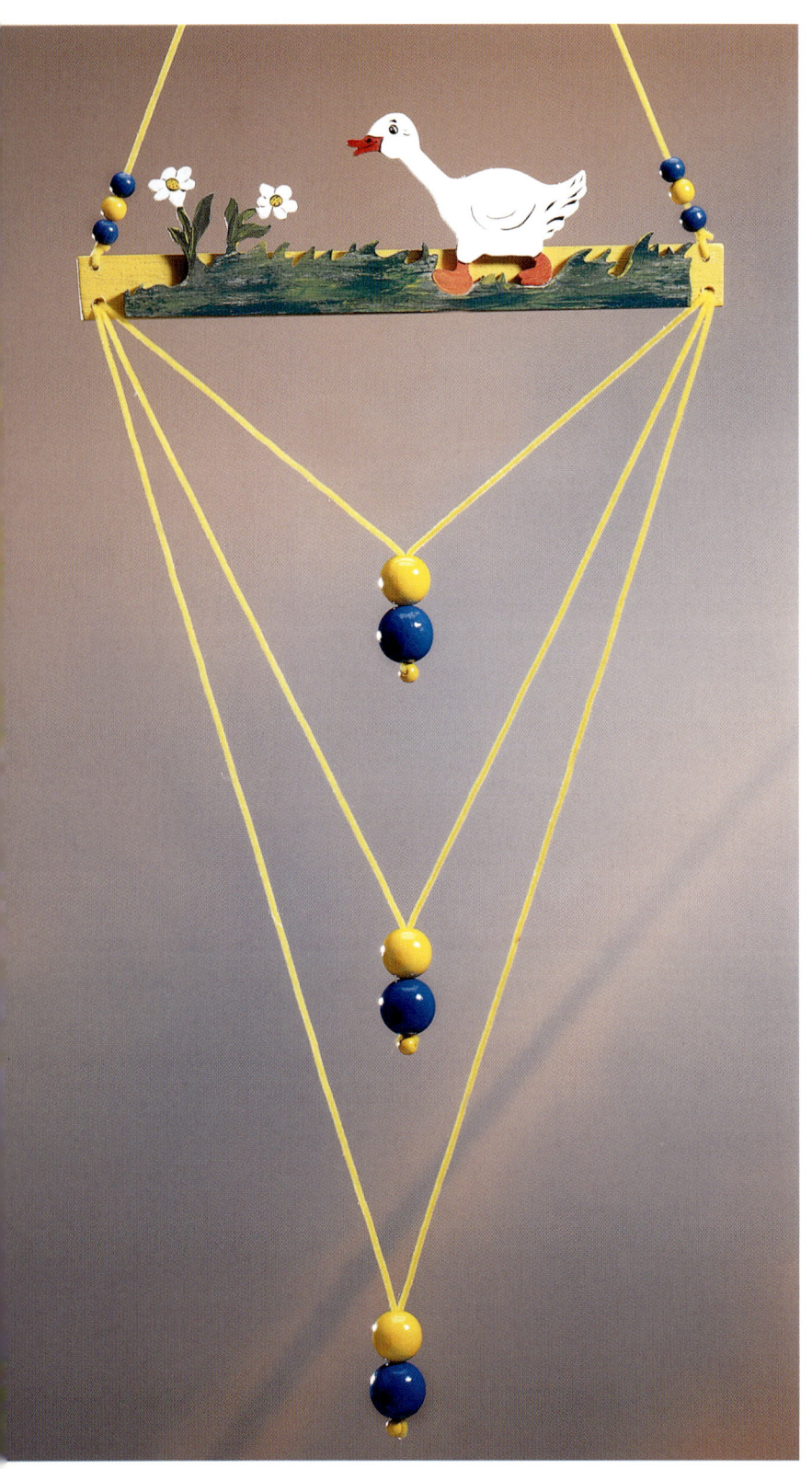

Pendelkugeln sind ganz einfach und schnell zu basteln. Das Bauprinzip bleibt immer gleich, bei der dekorativen Gestaltung sind Ihnen keine Grenzen gesetzt. Ich zeige Ihnen hier nur zwei Möglichkeiten, aber bestimmt haben Sie selber noch tolle Ideen.

Gänse-Pendelkugeln

Schon der leiseste Windhauch versetzt die Kugeln in unterschiedliche Schwingungen.

Das wird gebraucht

Holz, 4 mm dick
1 Rechteckleiste, 20 x 10 mm, 21 cm lang
3 Holzperlen, Ø 4 mm
6 Holzperlen, Ø 8 mm
3 Holzperlen, Ø 12 mm
3 Holzperlen, Ø 16 mm
Samtfaden, etwa 2,50 m lang

So wird's gemacht

Bohren Sie in alle vier Ecken der Rechteckleiste jeweils Löcher mit 3 mm Durchmesser. In die beiden oberen knoten Sie das Aufhängeband. Die 8-mm-Perlen werden vorher aufgefädelt. Schneiden Sie von dem Samtfaden drei Fäden mit etwa 100 cm, 70 cm und 50 cm Länge ab. Auf den längsten Faden schieben Sie eine 4-mm-Perle genau bis zur Mitte, dann nehmen Sie den Faden doppelt und schieben zuerst die 16-mm-, dann die 12-mm-Perle auf. Verfahren Sie mit den beiden anderen Fäden ebenso. Die drei Fäden führen Sie mit jeweils einem Ende durch das rechte und linke untere Bohrloch in der Leiste. Korrigieren Sie den Abstand zwischen den drei Etagen, bevor Sie die Fäden mit Knoten fixieren. Zum Schluss kleben Sie die Gans auf die Leiste.

Vorlagen siehe Vorlagenbogen Seite A

Bären-Pendelkugeln

Bären-Pendelkugeln

Lauter niedliche Bärengesichter sind der Blickfang bei diesen Pendelkugeln – auch wenn sie vielleicht gerade mal nicht in Bewegung sind.

Das wird gebraucht

Rechteckleiste, 20 x 5 mm, 30 cm lang
6 Holzperlen, Ø 8 mm
4 Holzperlen, Ø 10 mm
4 Holzperlen, Ø 14 mm
1 Holzkugel, Ø 45 mm
1 Holzkugel, Ø 40 mm
1 Holzkugel, Ø 35 mm
1 Holzkugel, Ø 30 mm
Samtfaden

So wird's gemacht

Bohren Sie in alle vier Ecken der Leiste jeweils ein Loch mit 3 mm Durchmesser. In den oberen Löchern befestigen Sie das Aufhängeband mit den aufgefädelten 8-mm-Perlen. Schneiden Sie den Samtfaden in vier unterschiedlich lange Stücke. Je länger die Fäden, desto spitzer wird das fertige Pendel-Dreieck sein. Fädeln Sie nun die Holzperlen und bemalten Kugeln auf. Orientieren Sie sich dabei an der Abbildung. Sie können aber genauso gut die dickste Kugel ganz oben und die kleinste unten platzieren. Die Fadenenden ziehen Sie rechts und links durch die Bohrlöcher der Leiste. Korrigieren Sie die Abstände zwischen den Bärenköpfen. Fäden verknoten – fertig!

Drehfiguren und Mobiles

Es gibt wohl kaum ein Kinderzimmer, in dem kein Mobile zu finden ist. Sicher liegt es an den schier unerschöpflichen Möglichkeiten, solch ein leise im Wind tanzendes Gebilde zu basteln. Ob Luftballonverkäufer, Schlafmond oder süßes Kätzchen – hier ist bestimmt für jeden etwas dabei.

Süßes Kätzchen

Kleine Kätzchen – ob grau, schwarz, weiß oder braun – sind immer unwiderstehlich.

Abbildung siehe
Seite 35

Vorlagen siehe
Vorlagenbogen
Seite B

Das wird gebraucht

Holz, 4 mm dick
Samtfaden
Peddigrohr
Holzperlen in verschiedenen Farben und Größen
Glöckchen

So wird's gemacht

Das Peddigrohr wird mit Bastelfarbe bemalt. Schneiden Sie ein Stück von 50–60 cm Länge ab. Bevor die Holzperlen auf die Enden gesteckt werden, ziehen Sie den Samtfaden durch die Perle und kleben beides auf dem Peddigrohr fest. Das Kätzchen wird mit seinem Aufhängeband genau in der Mitte des Samtfadens angeknotet. Einige Glöckchen und Perlen, auch am unteren Peddigrohrbogen sowie ein ausgesägter Ball für das Kätzchen, vervollständigen das Ensemble.

Luftballonverkäufer

Heute hat er gut verkauft. Nur noch drei Luftballons sind übrig. Wer möchte sie haben?

Das wird gebraucht

Holz, 10 mm dick
Samtfaden in verschiedenen Farben
einige Holzperlen
Rundstab, Ø 6 mm, 20–25 cm lang

So wird's gemacht

Wenn alles fertig bemalt und getrocknet ist, knoten Sie an jeden Luftballon einen Samtfaden. Kleben Sie nun den blauen Ballon auf die beiden anderen. Die Fadenenden werden durch das Bohrloch in der Hand des Verkäufers gezogen und verknotet. Mit Samtfaden werden der Verkäufer und die Ballons an das Rundholz gehängt. Vergessen Sie nicht, zuvor die Perlen aufzufädeln.

Vorlagen siehe Vorlagenbogen
Seite B

Dackel-Duo

Die kleinen Dackel schauen ziemlich pfiffig in die Welt. Was sie wohl im Schilde führen?

Das wird gebraucht

*Holz, 4 mm dick
Peddigrohr
verschiedene bunte
 Holzperlen
1 Glöckchen, Ø 15 mm
2 Glöckchen, Ø 8 mm
Samtfaden
Zwirnsfaden*

So wird's gemacht

Legen Sie das Peddigrohr zu einem Ring mit etwa 18 cm Durchmesser. Die Enden stecken Sie in eine Holzperle und kleben sie darin fest. Einige kleine Perlen und das größere Glöckchen werden zur Dekoration mit Zwirnsfaden angehängt. In dem Ring hängt der kleine Dackel. Fertigen Sie einen weiteren Ring mit etwa 25 cm Durchmesser. Mit Samtfaden und Perlen werden beide Ringe verbunden. Hängen Sie einige Perlen und die kleinen Glöckchen an die Füße des großen Dackels. Er wird ebenfalls mit Samtfaden und bunten Perlen in den großen Ring gehängt.

Vorlagen siehe Vorlagenbogen Seite B

Schlafmond

Wolken, Mond und Sterne sind beliebte Motive für Kinder jeden Alters. Dieser süße Schlafmond hat bestimmt einen besonders schönen Traum.

Das wird gebraucht

*Holzreste in verschiedenen Dicken
gelbe Holzperlen, Ø 8 mm
7 Messingglöckchen, Ø 10 mm
2 Messingglöckchen, Ø 20 mm
Samtfaden, weiß
3 kleine Schraubösen*

So wird's gemacht

In die große Wolke drehen Sie rechts und links je eine Schrauböse. Orientieren Sie sich an der Abbildung, wenn Sie das Schaf und die kleinere Wolke dort einhängen. Verzieren Sie die Samtfäden mit eingeknoteten gelben Perlen und Glöckchen. Die Sternchen werden verstreut auf die Wolken geklebt. Zum Schluss pendeln Sie den Schlafmond zwischen den Fingern aus und drehen an entsprechender Stelle eine Schrauböse in die obere Kante. Knoten Sie das Aufhängeband dort ein. Süße Träume!

Vorlagen siehe Vorlagenbogen
Seite B

Gänse-Trio

Passend zum aktuellen Landhauslook wurden diese Gänse gearbeitet. Gedeckte Farben werden teilweise lasierend aufgetragen. So entsteht ein völlig anderer Stil.

Das wird gebraucht

Holz, 4 mm dick
Naturbast
orangefarbene runde und ovale Holzperlen
Geschenkband

So wird's gemacht

Die große Gans hat eine Schleife aus Bast. Auf einzelne Bastfäden werden Perlen aufgefädelt und mit Knoten fixiert. Die kleineren Gänse bekommen eine Schleife aus Geschenkband und ein längeres Aufhängeband, dessen Enden Sie in den Sägeschlitzen (gestrichelte Linie in der Vorlage) befestigen. An einem Naturbastfaden wird das Trio aufgehängt. Bevor Sie das Loch für das Aufhängeband bohren, pendeln Sie die Gans aus.

Vorlagen siehe Vorlagenbogen Seite B

Hampelfiguren

Hampel»männer« haben bis heute nichts an Aktualität verloren. Wer kennt nicht die lustigen Figuren, die hampeln und strampeln, sobald man an ihrer Schnur zieht?

Fadenführung und Montage

Das Grundprinzip ist bei allen Figuren gleich. Jedes Teil, z. B. Arm, Bein oder Flügel, welches später hampeln soll, benötigt zwei Löcher: eins als »Gelenk« und eins für den Zugfaden. Für die Verbindung der Gliedmaßen mit dem Körper haben Sie folgende Möglichkeiten:

A) Sie nehmen eine Musterklammer und schieben diese von vorn nach hinten durch Körper und Arm (Bein, Flügel usw.). Drücken Sie die Klammer nicht zu fest an, damit genügend Spielraum zwischen beiden Körperteilen bleibt.

B) Sie können die Körperteile auch mit einem Rundstab (z. B. Schaschlikspieß, Zahnstocher) verbinden, indem Sie vorn und hinten eine Holzperle aufkleben. Wiederum auf genügend Bewegungsfreiheit der Teile achten.

Die Verbindung der hampelnden Gliedmaßen untereinander wird mit einer dünnen, reißfesten Schnur hergestellt. Verbinden Sie zuerst die Arme miteinander und dann die Beine. Die Länge der Verbindungsfäden ist richtig, wenn die Gliedmaßen locker herunterhängen. Jetzt knoten Sie die Zugschnur an die obere Verbindung (Arme), führen sie locker zur unteren Verbindung (Beine) und knoten sie dort ebenfalls fest. Beachten Sie dazu die Abbildung auf dem Vorlagenbogen B. Nun wird noch eine Perle oder ein Glöckchen an die Zugschnur geknotet.
Fertig!

Hampel-Clown

Diese Figur ist Hampelmann und Klangspiel zugleich. Auch wenn er nicht hampelt, lässt jeder Luftzug das Klangspiel leise erklingen.

Das wird gebraucht

Abbildung siehe
Seite 41

Holz, 4 mm dick
reißfeste Schnur
4 Musterklammern
4 Glöckchen, Ø 8 mm
2 Glöckchen, Ø 20 mm
2 Mini-Klangspiele
4 Holzperlen, Ø 8 mm
20 cm Bindfaden, weiß

So wird's gemacht

Arbeiten Sie nach Anleitung A (S. 40, »Fadenführung und Montage«). Danach knoten Sie die großen Glöckchen an die Hände und die Klangspiele an die Füße. Um den Bauch binden Sie den Bindfaden und bringen daran die kleinen Perlen und Glöckchen an.

Vorlagen siehe Vorlagenbogen
Seite B

Hampel-Pinguin

Übermütig kommen die kleinen Pinguine hervorgesprungen, wenn an der Schnur gezogen wird.

Das wird gebraucht

Holz, 6 mm dick
Schaschlikspieß
8 Holzperlen, Ø 8 mm
1 Holzperle, Ø 12 mm
1 Holzperle, Ø 6 mm
reißfeste Schnur

So wird's gemacht

Arbeiten Sie nach Anleitung B (S. 40, »Fadenführung und Montage«).

Vorlagen siehe Vorlagenbogen
Seite B

Der kleine Muck

Sieht er nicht aus wie aus den Märchen aus 1001 Nacht? Erzählen Sie Ihrem Kind diese wundersame Geschichte. Als Überraschung gibt es dazu dann den kleinen hampelnden Muck.

Das wird gebraucht

Holz, 4 mm dick
reißfeste Schnur
4 Perlen, Ø 6 mm
Schaschlikspieß
bunte Holzperlen

So wird's gemacht

Arbeiten Sie den kleinen Muck nach Anleitung B (S. 40, »Fadenführung und Montage«).

Vorlagen siehe Vorlagenbogen Seite B

Weihnachtsmann

Zur Weihnachtszeit an der Haustür angebracht, kann er die Türklingel ersetzen. Als Adventskalender dient er, wenn Sie ihm ein Jutesäckchen in die Hand geben und dieses jeden Tag mit einem kleinen Geschenk füllen.

Das wird gebraucht

Holz, 4 mm dick
4 Musterklammern
reißfeste Schnur
2 Holzperlen, Ø 16 mm
1 Holzperle, Ø 6 mm
1 große Messingglocke

Vorlagen siehe Vorlagenbogen Seite B

So wird's gemacht

Arbeiten Sie den Weihnachtsmann nach Anleitung A (S. 40, »Fadenführung und Montage«).

Schwingende Objekte

Schwingende Tiere und Figuren bringen Bewegung ins Kinderzimmer. Ein leichter Zug im Vorbeigehen, schon schwingt das Objekt lautlos und sanft auf und ab.

Nach folgender Bauanleitung basteln Sie die nachstehenden Schwingtiere. Drehen Sie zuerst zwei Schraubösen in eine Seite des Körpers. Ein Punkt auf der Vorlage kennzeichnet die entsprechenden Stellen. Zwei Schraubhaken werden in die Seitenkante des Flügels gedreht. Bevor Sie die Flügel in die Ösen hängen und die Haken mit einer Zange zudrücken, bohren Sie noch die Löcher für die Aufhängung. Verfahren Sie mit dem anderen Flügel ebenso. Ziehen Sie die Aufhängefäden von unten nach oben durch die Bohrlöcher. Sie können unter dem Flügel z. B. mit einer kleinen Perle fixiert werden. Die oberen Enden der Aufhängung werden an einer Quadratleiste oder einem Rundstab befestigt. Die Leiste oder der Stab sollte ein wenig länger als die Spannweite der Flügel sein. Jetzt noch eine Zugschnur anbringen, fertig ist Ihr Schwingtier. Es schwingt am schönsten, wenn die Flügel waagerecht stehen.

Bei nach oben zeigenden Flügeln bringen Sie so viel Gewicht an die äußere Kante der Flügel, bis sie die optimale Stellung erreicht haben. Dafür können Sie beispielsweise etwas an die Flügel hängen oder darauf setzen. Manchmal reicht es schon, wenn Sie eine längere Quadratleiste nehmen und die Aufhängung an deren äußeren Enden befestigen.

Um nach unten zeigende Flügel in die Waagerechte zu bekommen, hängen Sie eine große Messingglocke an das Zugband. Eine andere Möglichkeit: Sie ziehen mehrere Perlen darauf, bis das Gleichgewicht hergestellt ist. Auch ein aus dickerem Holz gesägtes Motiv kann angehängt werden. Es dient dann als Zuggriff und Dekoration gleichzeitig.

Abhilfe bei nicht senkrecht hängendem Körper schaffen Sie auf die gleiche Weise wie bei nach unten zeigenden Flügeln. Das größere Gewicht an der Zugschnur zieht den Körper in die Senkrechte.

Disco-Queen

Sie ist auf dem Weg in die Stadt. Lollipop und Punky begleiten sie. Auch ihre kleinen Freunde, die Eisbären, fliegen mit. Alle zusammen wollen eine tolle Disconacht verbringen.

So wird's gemacht

Bauen Sie die Disco-Queen nach der Anleitung auf der Seite 44. Die Bären kleben Sie auf die äußere Kante der Flügel. Die kleinen Entchen hängen am Bauch der Disco-Queen. Ihre Flügelchen werden direkt an den Körper geklebt.

Abbildung siehe Seite 45

Das wird gebraucht

Holz, 6 mm dick
4 Schraubhaken
4 Schraubösen
2 Keramikbären
1 Quadratleiste, 10 x 10 mm, ca. 50 cm lang
Samtfaden

Vorlagen siehe Vorlagenbogen Seite B

Raphael, der Rabe

Raphael mit keckem Blick findet Flatterbeine chic.

Das wird gebraucht

Holz, 8 mm dick
je 4 Schraubhaken und -ösen
reißfeste Schnur
1 Zugfeder
1 Quadratleiste
1 Holzperle für das Zugband
Ton- oder Wellkarton, rot, für die Flatterbeine
Fellrest für die Haarpracht
Zwirn, schwarz

Vorlagen siehe Vorlagenbogen Seite B

So wird's gemacht

Arbeiten Sie nach der Anleitung auf Seite 44. Bringen Sie die Zugfeder an (siehe »Brummel, der Kraftprotz«, S. 47). Danach kleben Sie die Flatterbeine an Raphaels Bauch. Sie werden mit Zwirnfaden an seinen Flügeln befestigt.

Brummel, der kleine Kraftprotz

»Seht alle her, wie stark ich bin!«, ruft Brummel und hebt die schweren Kugeln sachte auf und ab.

Das wird gebraucht

Holz, 6 mm dick
4 Schraubhaken
4 Schraubösen
8 Holzkugeln, Ø 50 mm
reißfeste Schnur
1 Rundstab
1 Zugfeder, Ø 10 mm

So wird's gemacht

Arbeiten Sie Brummel nach der Anleitung auf Seite 44. Seine Beine werden aufgeleimt. Ziehen Sie ein Herz auf eine etwa 50 cm lange Schnur, legen Sie die Schnur doppelt und fädeln Sie vier Holzkugeln auf. Knoten Sie die Schnur an die Bärenhand. Mit dem anderen Herz und den restlichen Kugeln verfahren Sie ebenso. Nachdem Sie die Aufhängeschnur in den Armen und am Rundstab befestigt haben, ziehen Sie die Zugfeder an einem Ende ein wenig auseinander. Führen Sie dieses Ende durch das Bohrloch am Ohr des Bären und verdrehen Sie es mit der Feder, damit es nicht herausrutschen kann. Ziehen Sie die Zugfeder nach oben zum Rundstab. Sobald Brummels Arme waagerecht stehen, befestigen Sie die Zugfeder dort mit einem dünnen Band und schneiden das überstehende Teilstück ab.

Vorlagen siehe Vorlagenbogen
Seite XX

Die Deutsche Bibliothek – CIP-Einheitsaufnahme

Ein Titeldatensatz für diese Publikation ist bei Der Deutschen Bibliothek erhältlich.

Das Werk einschließlich aller seiner Teile ist urheberrechtlich geschützt. Jede Verwertung außerhalb des Urhebergesetzes ist ohne Zustimmung des Verlages unzulässig und strafbar. Das gilt insbesondere für Vervielfältigungen, Übersetzungen, Mikroverfilmungen und die Einspeicherung und Verarbeitung in elektronischen Systemen.
Es ist deshalb nicht gestattet, Abbildungen dieses Buches zu scannen, in PCs oder auf CDs zu speichern oder in PCs/Computern zu verändern oder einzeln oder zusammen mit anderen Bildvorlagen zu manipulieren, es sei denn mit schriftlicher Genehmigung des Verlages.
Die im Buch veröffentlichten Ratschläge wurden von Verfasserin und Verlag sorgfältig erarbeitet und geprüft. Eine Garantie kann dennoch nicht übernommen werden. Ebenso ist die Haftung der Verfasserin bzw. des Verlages und seiner Beauftragten für Personen-, Sach- und Vermögensschäden ausgeschlossen.

Jede gewerbliche Nutzung der Arbeiten und Entwürfe ist nur mit Genehmigung von Verfasser und Verlag gestattet.

Bei der Verwendung im Unterricht und in Kursen ist auf dieses Buch hinzuweisen.

Fotografie: Klaus Lipa, Diedorf bei Ausgburg
Lektorat: Günter Wiegand, Wiesbaden
Umschlagkonzeption: Kontrapunkt, Kopenhagen
Umschlaglayout/Herstellung: Melanie Gradtke
Layout: Bernd Walser, München

AUGUSTUS VERLAG, München 2000
© Weltbild Ratgeber Verlage GmbH & Co. KG.

Satz: Gesetzt aus 11 Punkt Seneca von
Bernd Walser Buchproduktion
Reproduktion: Repro Ludwig, A-Zell am See
Druck und Bindung: Appl, Wemding

Gedruckt auf 135 g umweltfreundlich chlorfrei gebleichtem Papier.

ISBN 3-8043-0495-8

Printed in Germany